JN439348

Cine Kang'

1st

Cine Kang'

1st

現代詩文學

소통 불가
거대한 공장에서 위안을 얻는다
섬의 바다
누더기 얼굴들
이미지를 교란시키자!
스스로의 정서를 축내자!
그럴듯한 표정을 하며.
언어는 지독한 선율이다.
오늘도 형이상학적인 뒤틀림을!

— 강신혜

차례

유제

심야

나는 냄새나는 거리를 사랑했다.
기어다녔다.
음미하였다.
희곡적인 영웅담을 들으며 생각했다.
끝에 닿을 수 있는 것은 달빛에 한해서 다.
손에 잡히는 색은 넘친다.

불안감

지독한 열기에도 오아시스를 믿었다. 어떻게 잊을 수 있으리, 모든 탄생엔 비웃음 섞인 반전이 있으니… 걸음걸이를 재촉하니 불변의 자연이 다리 사이로 흐른다. 내 왼쪽 팔엔 새로운 기생충이 생겼다. 비록 쓸모없는 몸뚱이라지만(이유는 거역할 수 없는 도덕성에 처박힌 진실때문), 영구적 모순에 의해 벌어진 상처사이로 구덕이가 녹아 내려가는 것을 보는, 차마 역겨워 감정을 지워야만 한다.

시적 공상에 질려 스스로를 껴안았다.

발견했다!

발견하여라, 사막의 오아시스를

—

밭을 일구는 늙은놈과 늙은년=하층민의, 비윤리적인, 비 개성적인, 추악함의 표본.

밭을 일구는 늙은놈과 늙은년.

그것들의 잘못된 형제애와 노예근성으로 일군 더러움.

나는 산에 가 들짐승을 잡아 먹는 편이 나았다.

기호로도 가능한 충분한 이유.

예를 제시한다면 아마 홍수에 쓸려 떠내려가고 말 테지.

나는 생명을 밖에 두고 문드러져 가는 것을 관찰했다.

어떠한 타협도 없는 그것들의 궤변 앞에 나는 무척이나 신뢰를 잃어버렸지.

서양의 자태에 감탄하다.

동양의 자태에 감탄하다.

허나 이 나라의 최대 복병은 밭을 일구는 늙은놈과 늙은년, 그리고 늙어갈 모든 년, 놈들.

독약과 타액이 섞인 곳.

못생긴 눈동자로 사라짐을 쫓는다.(모멸)

유목민, 집시, 걸인을 만나 허세를 떨더니 연민에 겨워 촌스럽고 상스러운 위로를 내세운다.

사람을 사랑하라? 왜, 두꺼비나 들고양이를 동정하지 않는가…

내 인내를 바닥에 처박은 사건은 두고두고 회상하리.

내 심적인 방탕함과 음탕함에 대해 열려있는 사고

로 받아들이는 하얀 사물.

어쩌면 아무 생각 없이 영혼을 구겨 터질 듯한 뇌 속으로 집어넣는 걸지도. (사실, 터질듯한 뇌 같은 건 존재하지 않는다)

조용함이 깨질 때 들이킨 물 한 잔으로 몽상을 지우려 한다. 자괴감은? 나는 그런 식으로 살지 않았다.

'나' 라는 삶은 핏물이 자박한 생의 강물에 어떠한 소리도 없이, 허망함도 없이 걸어가는 비겁자이다. 어디선가 섬광이 비춰주리라.

놀랄 것 없이

1.

북쪽으로 가던 이가 숲 아래로 떨어진 것이다.
몹쓸 아픔이 양볼에 써진다.
소리친다고 될 일인가. (그는 신념을 버려야 하겠다.)
가장자리에 무엇이 있든 그는 떨어진다.
놓아야 하는 것과 놓쳐야 하는 것이 모호하다.
천천히 떨어진다.
실은 음울한 그의 정신의 감각일 뿐이다.

2.

몰려온다. 뛰어야 겠다.

3.

수척한 활자들 사이에 음악이 끼어 있다.
모차르트는 망령이 되어 구걸하는 신세가 되었는데
베토벤은 대단한 도둑질을 위한 염탐을 계속한다.
그래 내 마음에 든다.
베토벤이여! 넓적한 엉덩이를 흔들어라.

펍, Pub

내가 신사적이며 노름꾼다운 면모를 지녀서 그들이 저주를 퍼부은 거다.

우수한 환각제를 내게 섞자, 대륙의 태동이 느껴진다.

나는 웃기는 사람이요, 내 인상 좀 보시오! 내 머리 가죽은 들판과 같소.

내 고통은 비상하여 환상을 무념으로 타락시킨다.

무수한 지옥의 환송곡은 별개로 들을 만하더니 어떻게 일정한 채찍질 소리가 방해 지인다.

숨소리가 탁하다. 기념비적인 죽음은 허튼 무게일 뿐이니라. 대답해보아도 입만 열릴 뿐 아래가 닫힌다. 놀이꾼의 춤사위에 문득 어둠은 빛으로 추방되었다.

축제의 수수께끼가 내 본능을 깨어 냈다.

가까이에 있던 한 선동자의 술잔이 거꾸로 떨어져서 방정을 떨었기 때문에 취할 수 없었다.

어디서 왔더니.

어디서 왔더니.

어디서 왔더니.

어디서 왔더니.

어디서 왔더니.

게어서 물어주었더니 괜히 승질이냐.

아, 괴물이 재미난 짓을 공기 속에 퍼트린다. 어디서 왔더니.

신을 찌르는 두 괴팍한 다리에 흰 천이 펄럭인다.

옳게 형용하려면 측정기구가 필요한 위치에 빨가이 내 피로 물들인다. 물들여 있다.

아픈 것에 비하면 이미지는 평화적이니라.

작은 머리

날개가 달린 그 사내의 등은 굽었으며
아우성 질러대던 잎들은 순조롭게 그리 되었다.
그리 되었던 사내의 검은 등은 굽었으며
더뎠던 태양의 모서리에만 독이 숨 쉰다.

자유연애

그저 순하고 부드럽고 미숙했던 그때 말이오.
당신은 무슨 엄격한 의식이라도 치르는 것 같군.
고귀하신 수도자의 얼굴이군.
난 이렇게 반 시간이나
당신의 그 냉정함을 견디고 있소.
이성이 곧 마음이 아닌 것.
내가 설령 지금 괴짜들의 어떤 괴벽을 비웃는다 해도
곧 잊고 말거요.
내게 불 속에 뛰어들라 하시오.
만찬에 가듯, 그렇게 가리다.
젊은이들은 그저 계집애들 예쁘단 소리만 달고 살지.
우리가 없는 곳.
당신의 어머니는 여전히 왼손잡이신가?
그녀는 오른손들만 가입하는 어느 독일 이민자
명예단에 가입하고 싶다 하셨지.
두 손가락으로 작은 집게 모양을 만들어
조각 케이크를 먹는
고상한 풍의 그 여인들과 어울리려.
붉은색을 혐오하며 가식적인 경외감을 내보이던
그들은 결국 폐병에 걸릴까봐

해산한지 오래라 들었소.
당신의 선생은 잘 계시오?
그 허세와 인격모독을 낙으로 알던
그 소같던 놈말이오.
소는 유익하단 점에서 그 작자와는 상극이겠지만
멍청하다는 분류로는
들어맞는 멋진 표현이 아닌가 싶소.
우리는 그 작자에게서 영어와 수학을 배웠지.
우린 소심하고 무능력한 학생이었지만 그는 강요를
멈추지 않았소.
'아리스토텔레스의 손가락을 열 네 개다!'
우린 몰래 새처럼 그를 비웃고 조롱하고
천박한 농담들을 해댔지.
하하하.
어찌 얼굴이 창백하오?
넘어진 한심한 당나귀 보듯 나를 바라보는 것이오?
그렇담 꿈 얘길 계속해 볼까나?
어제 잠시 달리는 기차 안에서 꿈을 꾸었지…

병약한 인간상

존중하는 법만 없앤다면
세상의 공포가 멈출 거야.
모든 위선자와 가식을, 지식에 담은 그 고인 웅덩이들.
그들은 존중 받음으로써 이익을 얻어.
삶은 프로이트나 헤겔이 창조한 것이 아니야.
그들에게 무엇을 얻을 수 있을까?
신성 로마 제국의 쉬운 욕망으로 채울 수 있을까?
독립 전의 혼돈?
쇼팽의 빗나간 재주?
이런 말은 지겹지만 무장한 혁명파들은 정교하게 실천하지.
예속형태의 유지를 위해 농노들은 낫을 들어, 난폭하지.
어째서 도피를 하려 하지? 그들은 타고난 일꾼들이야.
영웅의 시대, 왕정 시대, 계급사회, 인민주의, 미개사회.
누가 누구의 아들딸이며, 부족이고, 국민일까?
진정성 없이 허투루 떠벌리는 것을 들키지나 말아야 할 텐데.

농담

노인의 손목에서 냄새가 난다.
수악한 놈들이 기막히게 맏곤 달려들겠다.
무엇을 없애야만
그것을 수면 위로 끌어올릴 수 있으려나
생기 넘치던 발끝에서 엉뚱한 망상이 제어된다.
힘을 준다
생식기에
내 몸을 돌려 그를 쳐다보거라
내 등을 올려 총명한 입술을 부벼라
난 위로 오르고 노인은 가라앉는다.
푹 꺼져라 아래로.

농락

극단의 사람들은
아직도 구태의연한 낭만주의에 빠져 있음.
극문학과 예술 공연 사이의 이질감의 극복은
불가피함.
원초적인 자극이 필요.
더러운 갈보년이라고 노래하지 못하란 법 없음.
그렇다고 그년이 더럽지 않다는 것은 또 아니지.
내 말은,
그러니깐 노래하는 자의 밑이 누구를 위한 것이든.
섬의 예술은 눈치껏 즐기면 그만이라는 것.

가장 서정적인 시

내 창고 같은 방의 창문으로 고칠 수 없는 빛이 새어든다.

어디까지나 뻗어 처박은 내 얼굴을 들어주리라.

만약의, 이 서정적인 수로에 오물을 흘러 보내면 뱃놀이하던 늙은 여자들은

그래도 노래를 부를 것인가?

거리를 지배하는 사치스럽고 화려한 교회.

침을 개어서 붉은 피를 만든다.

혐오와 신념의 난동의 페스티벌.

(의식에 진정한 정복을 강요한다.)

누더기 속의 수용적 눈들은 밤을 죽인다.

이런 식의 처벌은 끔찍하지.

하지만 이곳은 우리의 세계가 아니니 궤변의 혁명가는 비 이상적이다.

나의 방패. 너의 방패.

나의 방패. 너의 방패.

내일을 멋지게 추정하여 내 팔을 내리고 허리를 돌

리고 아슬아슬한 변명에 반응케 한다.
흥미로운 일이지. 그들은 이미 지불한 열정에 철저히 복종하니
찰나의 시간이 혹은 언제나 그 구역질나는 평화에 취할 수밖에.
구부려 말라버린 미라의 기생충처럼.
무관심한 행인의 걸음을 멈추기 위해
나는 형이상학적인 뒤틀림을 버리지 않는다.

쉬운 시

내가 가는 길목에 웬 거지가 앉아 있다.
그런 것들을 걷어차는 성질 강한 청년들이 보인다.
내가 가는 길목에. 내가 가는 길목이라니
거지는 걷어차인다.
나의 집은 여기서 모퉁이만 지나면 보인다.
하필 내가 가는 길목이 뭐람.
거지는 불손하며 길거리에서 아무와도 몸을 내놓고 몸을 뺏는 순 악질이라지. 도로 바닥의 골에 난 잔 냄새를 킁킁 거리며 명예란 모르는 가장 기본적인 사람이라지.
조금의 간섭도 그들의 독립에 해가 될 테지.
해방감은 조그맣게 벌린 입에서 이상향을 투덜거린다.
우린 여전히 라디오에서 흘러나오는 짧은 잡음이다.
우린 여전히 문을 열 때 헤헤 거리는 웃음을 짓는다.
알아들을 수 없는 언어와 함께 숨을 내리까는 너털웃음을
허허허.

찢어진 건물 앞에 내가 좋아하던 거지는 걷어차여 있다.

예술이 보고 싶다.

곤혹

이 처럼 경이로운 곤욕 감을 이해해 주길 바라오. 차가운 발을 탁자 위에 올린 채 뜻밖의 인물을 대면했으니. 나와 같은 위인이니… 나도 모르게 외쳤지. '오 신이시여!' 빌어먹을 입 같으니! 어느 날이었던 과거에 누군가가 그랬던 것이 퍼뜩 떠올랐소.

ㅡ당신은 그를 참 많이 닮았군요.

손바닥 가죽이 착잡히 젖어 버려 종이 코가 문둥이처럼 못쓰게 돼 버렸지. 그런 굴욕을 이해해 주기를.

그가 미국 종자인가, 슬프게도 그렇다지. 이것저것 평탄하게 산책길에 오르려는데 소용 없더군. 시선의 조각들로 자화상을 유령의 미소로, 침묵과 도심 특유의 회색 위트로 두뇌가 알듯이 무아지경의 연속이었소. 그가 잡다한 계절을 수 없이 거쳐 비로소 유희의 멋을 알아차렸을 때 변칙, 구조의 변칙. 장황한 거짓말에 목소리를 비실거리며

ㅡ옳아요. 그래요 우린 옳아요.

대륙의 자본을 써가며 그도 늙었다가 다시 늙겠지. 아무도 내 창으로 바라볼 만한 산을 오르지 않았소. 그

의 정신을 나는 읽을 수 있으므로 그의 의도와 무지한 머리통을 오직 멀겋게 떠보다가 자유스레 떠돈 반짝이는 혀를 살래살래 내밀지. 그가 살던 아파트엔 고약한 악취가 진동하였겠소만 그 조차도 몹시 호화스런 광기일 뿐이리. 정직함에 목을 축이길.

우리는 사월에 서로를 응시하였소. 손님들이 묵던 쪽방 한켠에서 우리는 결론에 다다랐소. 욕망이요. 오- 그렇지 욕망이요.

우리의 판타지는 구제시장에서 사온 향취조차도 관념으로 답하리. 헐거운 재킷은 심미를 더하고. 뛰어난 인물에 독이 어디 있으리. 다만 온순한 인성을 경계하여야 한다. 약이 오르는 남. 타인은 결코 남으로써 애 터지게 수용하여 주어서도 수준을 기대하여서도 안 되며 오직 탐닉하게 놔두고 우리는 자신에게 갇혀 회화의 통증에 뛰어와 달린다. 이곳, 콘크리트의 벽에 높은 천장아래의 기어코 흰 개들과 어두움. 이곳이야 말로 승리의 무덤!

불필요한 언어의 합성을 깨지요. 음악의 절대성에, 그래요 우리는 알지요. 음악만이 환각이요. 우리의 재능은 불필요한 오류요.

시
중

더러운 카드를 손안에서 빼내어 니 눈 위로 꽂는다.
결단코 안 마셔.
조금만 더 무력하게.
내 유일한 야망은 널 섬기는 것.
대담하게.
의자를 건너고.
또 다른 의자를 건넌다.
하인이 든 작은 카메라와 나의 손엔 겨울.
거의 환상에 가깝군.
연기는 구원을 지우고 핥아 삼킨다.
어떤 공간에 남겨진 미묘한 균형에
자신을 잃고 이성을 찾는다.
남겨진 또 한 명은 잠가진다.
남겨진 다른 또 한 명에 의해.
불은 꺼지고
현대 연극을 닮은 손가락이 잔을 흔든다.

촉각 연희제

한 낮에 꿈을 꾸다,
꿈을 즐기다 태만함이 도저 번쩍 뜨였다.
형제가 쓰던 침대는 꿈을 꾸기 적당하다.
곁눈질로 열기가 스쳐 가나 했다.
학구적인 침묵으로
때때로 그리하여 하루를 진탕 쓰레기로.
아, 통통한 다리를 감추고
목 고개가 꺾어질듯 '기분'을 만지니.
태만이 도저 번쩍 뜨였다.

방랑

발밑에 터지는 아픔은 겨울을 의미합니까?

나의 목은 머리칼 뒤로 운수 나쁜 고독에 빳빳해지더이다.

최고의 남성적인 태도로, 여린 두 다리를 퍽 빨리도 움직이구요.

젊은 방랑객의 하루에 썩은 내가 납니다.

기분은 심술에 찬 노인네의 것과 비슷하니, 유순해지기만 하요.

바람을 보던 떨림은 잦아든 지 오래.

오전엔 장을 보고 오는 여인과 마주쳤는데, 그녀의 장바구니를 겁탈하려 했더이다. 풍족한 듯 하얗게 들뜬 그녀의 장바구니를 겁탈하려 했더이다.

우리 아버지를 엿보던 그 빼빼 마른 노인.

그 영악한 노인이 무엇을 보았나요?

그는 수없이 시를 쓰는 대부입니까?

성별을 잃은 나는 날아갑니다. 절실한 향락을 위하여.

고난의 종결!

무엇을 위한 달림이냐구요?

칙칙한 농촌에서 월등해지기 위해. 이미 그렇다는 말은 마세요.

인위적인 것에 동요합니다.

초원보단 광장을 원합니다.

자연은 아무짝에 쓸모 없어요.

결국 마모됩니다. 녹아내립니다. 시선에서…

그럼에도 불구하고 나는 냉담한 풀밭을 가르며 흐느낍니다.

수월한 길 우(위)는 서양을 모방한 영원이 보여 잠시 열광할 뿐…

조숙한 노숙자가 될 계획입니다.

단정히 모자를 쓰고 위인이 될 꼬마처럼.

결코 나는 소중한 인물!

게으르게 열매 따기

내년까진 추구 없이 지내기로 하였다.
길이 더러우니. 게다가 퍽 즐겁지 않은 유행이라니.
우리는 원시인이야. 다만 기대를 가지긴 무리겠지.
거울을 보는 모습이 자연스럽구나. 붉은 여인들.
딱하게도 대단한 사상가가 되지 못한 아버지.
그는 저녁에 세는 숫자와 같다. 무형질의 공허한 위로.
당황스럽기 짝이 없는 돌풍.

폴라&볼크

나는 개들이 얼른 죽지 않길 바란다.
산바람이 목덜미 털에 지저분히
엉겨 붙어 애원할 것을…
돌보아 주고 싶을 땐 어쩌지?
무엇이 나를 불행한 존재로 만드는가.

아침 편지

전투중인 빛깔 좋은 소년병.
멈추어야 해. 하류에 떠내려 온 나무토막.
박수를 짝짝.
구부리고 누워도 쓰러진 게 뻔해.
소년의 3분을 함께.
포기해 차가운 파괴자야.
북쪽엔 장송곡이 마침 금지돼.
같이 있다간 다름없어질 걸.
어깨를 으쓱일 때마다
벗겨진 가죽표면은 진득해.
천으로 감싸자 애미가 버렸지.

오, 포기해 조용한 아침 떼기야
괴사한 양팔에 붉은 침을 뚝뚝.

영국에서

1.

두 손바닥이 차갑다. 젖어버린 발바닥과 어느새 편치 않은 몸이 되었다. 무언가를 씹어 삼키는 것마저 자연스럽지 못하여 꿀렁거리는 뱃가죽을 쳐다본다. 아, 나는 고립됨에 분하지 않는다. 창이 있어 어느 정도의 세상소리는 들리는데, 전자음 같은 가느다란 진공의 음들이... 오래전부터 들리는데, 문을 닫아버리고 구멍을 닫아버릴수록 이것의 울림은 명확해진다. 나는 나 그 자체로 떠있는 게 아닌가 싶다.

2

어느 날은 내가 가진 많은 신경들 중 하나를 떼어내어 쥐구멍에 던져보았는데 내 잔머리카락도 있던 듯싶고 쥐 오물냄새가 나던 듯싶었다. 아마도 그것들은 나의 횡포가 아니었나싶다. 나는 보지 않았으니 장담은 못하지. 그렇지만 내 신경의 판단 상, 그것은 머리카락도 오물도 아닌 횡포가 맞는 듯싶다.

3

나의 아이는 눈이 멀어 볼 수는 있는데 볼 수 있다 말을 못한다. 아이는 그 자세로 '이상'을 볼 수 있는데 덥혀져 가는 책 중간에 뉘인 듯한 이들은 하나같이 절레절레... 노이로제 걸린 아이를 무릎에 앉히곤 책을 덮어버린다. 그것들, 그렇게 뭉개져 가고 터져 버린 순간에도 소리를 지르니, 아이가 겁먹곤 파고든다. 나는 그때부터 귀가 먹어버렸다.

4.

형체가 있으니 영 괴롭다. 내가 말을 하니, 글을 쓰니 그 자체가 괴롭다. 내가 움직이는 형물이라 괴롭다. 색을 가지고 있으나 이상의 것들을 모르는 무지함에 괴롭다. 태어남에 표현하는 법부터 부르짖은 죄가 괴롭다. 태워서 날려버린 어제의 소유물들이 떠오르니 괴롭다. 아직까지 온전한 내가 괴롭다. 박탈하고 싶어 하는 이 정신마저 괴롭다.

5.

나는 의지가 강한 사람이라 해방감을 느끼지 못하였다. 시퍼렇게 들어난 철심이 머리 꼭대기에 박혔을 적에도 웬걸, 몹시 흥분되어 전에 없던 시계지적임이 들리었다. 모두들 세상에서 제일 흉한 것을 꽃이라고 하였을 때도 나는 따다가 잘려진 누군가의 머릿밑에 흩여 주었다. 그때의 나는 소녀적 감성에 사로 잡혔을진 몰라도 남자들의 내쳐진 머리맡에서만 맴돌았다. 그런데도 나는 해방감을 느끼지 못하였으니, '기계가 만들어준 허약한 조립 馬에 올라타려다 죽지도 말고 살지도 말고 박제되어 버리자'하였다.

6

새벽 중에 깨어서 옆에 갇혀 논 그놈을 끌어 내 속에 집어넣었다. 기가 막힌 꿈을 꾼 후였다. '아, 무엇인가! 꿈은 생동감 있게 전해져오는데 깨어난 두 눈 속에선 빛과 어둠마저도 없다 여겨야' 하니. 나타나는 것은 허공에 둥글게 뭉쳐진 상징을 잃은 구원.

7

그대는 안타깝게도 그러한 경향이 있더군. 무겁다 하여 벗어젖힌 옷자락을 차마 땅에 내려놓진 못하곤 나뭇가지에 걸어놓았더군. 어쩌다 보니 그대는 그리 되었더군. 거울을 보며 덩어리가 아닌 눈을 보게 되었더군. 어찌, 질색하던 진실들도 말하기 아까워 지는가?

12월

단정 짓기엔 늦었다는 걸 알고는 그만두려 한다.
늦지 않았는 걸, 그렇지만 늦고 말았다.
늦고 말았다고 누가 그러던가, 그러라고 시킨 것도 아닌데
나는 무조건 단정 짓지 않는다. 단정 지으려고 운다.
운다는 건 애매모호한 두 개의 산의 귓구멍이다.
단정 짓기엔 늦었다는 걸 알고는 그만두려 한다.
늦고 말았다니. 실망스럽기 짝이 없다.
누가 물끄러미 나를 쳐다본다. 그것은 바위다.
나도 그것을 쳐다본다. 나는 바위다.
단정 짓기엔 늦었다는 걸 알고는 그만두려 한다.
환경을 어지간히 경외하는 의사는 파티를 곧잘 즐긴다.
검은 백조는 백인의 언덕엘 오른다. 그리고 비는 밤새 내린다.
단정 짓기엔 늦었다는 걸 알고는 그만두려 한다.
축제는 내게 등을 내어주었기 때문에 희생이 무의미해져 버렸다.
단정 짓기엔 늦었다는 걸 알고는 그만두려 한다.

가혹한, 단정짓기, 소리를 지른다, 알고는 그만두려 한다.
의사, 늦었다는 걸 알고는, 속내가, 그만두려, 설정이다.

두 팔을 잃고 가만히 두 다리를 자르는 것을 목격하는 비인간적인.
나치의 다분화된 날개의 중심에 깃털—
무엇도 발견하지 않기 위하여 스스로
눈을 찌른다. 피가 흐른다. 쓸쓸하지만 간단하다.

들개2

경멸의 제국에 개 한 마리 나타났다.
화덕으로 숨어라. 차갑고 경쾌한 추위가 닥친다.
그저 몸을 수그린 체 귀를 막고 울었지.
땅으로 꺼지는 지하실 안에서 트럼펫을 불꺼야.
유일한 것을 음미하면서, 공간이, 하찮은 것들만 들끓는 우주 속에서
아무런 자국 없이.

저녁에 입맛 다시며

이토록 길을 잃은 허무함이란, 근로자의 머리통을 비웃고 정서를 축내며.

나는 정확히 한 맥락에서 역사성을 지속한다. 유별난 잡종개 같은 도덕이란, 오물의 영광인 철학도의 항해에, 꼭 감성주의자처럼 이 단어 선택은 나의 반감의 표현, 나와 가까운 이들은 동참을 한다. 폭삭한 굵은 모자를 흔들면서. 춤추는 장애인처럼 당황한 나의 말은 '그렇담 끝을 맺을 점심은?' 나는 전처럼 육식을 향한 굴욕적인 이데아에 쾌활히 웃는다.

인물

돼지야, 덩치 큰 녀석아.
배때기를 채우기 위해 우는구나.
너의 부드러운 등의 곡선 위로 내 영광스러운 손등이 지나간다.
웃거라, 울거라, 자책하거라.
너의 무료함 앞에 여인의 젖가슴이 출렁거리는구나.
내 망토 속으로 숨으려 드는 것이냐?
자, 취할 시간이다!
살해당하는 젊음 앞에 종족이 무슨 상관이겠나.

CINE

그 둘은 일방적인 관심을 받으면서도 기회를 엿보며 생식기에 발열이 그득한 손의 냄새를. 이리도 어설픈 역경을. 엉뚱한 신의 환희에 몸서리친다. 머리 꼭대기의 술. 밝게 지배하리. 하얀 배둘레와 숲의 요양원 같이 정갈한 침대위에 누워 정의에 대한 생각을 한다. 유랑 및 해설. 이렇게 조심성 없이 들여다보는 삶 속 나의 역할. 무능력. 고함치는 체념.

무제

자살의 경우
가벼운 목욕
고상한 사람
현명하며 고귀하다
웃기는 농담
인격모독
전체는 부분들의 집합.
부분들의 독특한 상호관계와 재배치로 인해
아예 새로운 실체가 나타남

언덕위의 집

유일하다 믿는 속박에 그 오래된 인생 한 놈이 미미한 숨을 내쉬며 자극을 유지한다. 성난 두뇌로 누워서 애타게 지리멸렬한 환상의 우두머리로써.

그러면서도 오만을, 구원을, 기대 섞인 굶주림을 지위의 연약함으로.

현대 생활의 황제이시니라. 어디선가 쾌활히 웃어젖히겠지.

(가짜로 기른 늙은 이빨을 드러내며.)

의무는 무덥다. 저번의 과거는 분말이 되어, 나뉜 주머니에.

벌리라, 몇 개의 주머니일지라도.

악취의 근원! 답을 주었다. 상자에 담기어 오르간 한켠에 간직된 분비물. 이성적인 패배자가 롤랑 바르트의 아래 꽤 유쾌한 고뇌를 봉쇄하였다. 실은 누군가 알아챌까 조마조마 하던 참이다. 어리석은 개구쟁이. 발 모양새가 검게 부풀어 경직됨.

부적합하였다. 존재들을 갈망하는 것이, 고백하건데 눈이 날카로워진 유년에겐 고지식한 천벌이었다. 대단한 아이야. 그로인해 몇 번의 인사치레가 덤으로 따라왔었지. 갓 잡은 숭어들과. 새로 산 질긴 줄. 나를 끌던 질긴 줄.

타고난 여성성이여, 송곳니가 부딪혀 질근 거리는 소리. 의심 없이 마셨던 진리. 모두 타고난 여성성. 잘 거닐던 호화스런 돌길에서 치명적 성질을 단절함. 어이쿠, 나의 성질이. 뚝뚝 흐르는 핏물아. 남부의 팝아트적인 식민지배아래 나는 안쓰럽게 되었다. 제한된 삶에 대한 지긋지긋한 신념의 악취가. 다시 한 번 변명하건만, 그것은 악취이다. 새벽의 악취, 사타구니의 악취, 불안의 악취(대기만성적이다).

주위 늙은이들의 근심은 하나같이 그들의 생에 비해 풍만하지 못하다. 어서 외투 속에 파묻힌 호흡을 끊길. 새로이 벽을 내리칠 비대한 손가락을 위해 기도하길, 빌어먹을 조선인의 기도 말이지.

1991

그대의 초상화에서 나를 발견하였다.
선명하다면, 그것은 내가 찾던 본질 그 자체였으니깐.
검게 반항의 노래를 부르리.
오만을 찬양하리.
다만 나의 성향이 종교와는 다른 것임으로
적극적일 수가 있으랴.

ANTI

자매끼리 포옹을 하며 살갑게 애타는 경험을 나눈다. 혈통이 섞인 뒷구멍. 도리어 몸을 사리다가 목적성. 호색한 자만주의 국가 밀림속. 기원전 타령하는 정의가들에게 취하듯 얻어맞고 한발로 기어 중독을 이어간다. 전날엔 행복하기만 했다. 이렇게 황홀히 멋진 하얀 맵시를 곁에 두고 껴안고 탐닉하다니. 둥근 북.

고기를 뜯는 태아를 보던 시선이 파랗게 질린다. 한마디로 요술적인 광경!

유머와 애수가 담긴 붉은 손등에 아무것도 없지 않고 비슷하게 허덕이다니. 둥근 북. 발끝으로 살짝 뭉개어 청결을 다짐하자. 여자들의 주도면밀한 둥근 북. 째깍거리는 둥근 북. 나는 어릴 적부터 자극하여 둥근 북을 울렸지. 나의 둥근 북. 밤마다 행해지는 동부의 축제. 겉멋이 또렷해진다.

굴곡사이로 흐르는 호수의 야경. 그러므로 허기진 여유를 가져보자.

간략히 늙고 애정에 취했다. 이 귀여운 꽃들을 어찌할고.

오래된 충고가 격렬히 무능함을 반긴다.

—뭐라고 했더라? 갑부의 위안이라니.

뼈마디가 추잡한 아이를, 성난 검은 젖을 빨고 있던 아이를 이방인이 잘도 안고 요람에 눕혀 흔든다. 잘 자라 아가. 어리니 형편없는 늑대의 눈이 수없이 약해진다. 나의 성분은 밀가루와 발정이요. 생명을 낳는 공장 빼이 인조 광대요. 멋진 나라가 준 재능이요. 내일 죽지만 오늘의 자유를 택하리? 나는 더럽고 혼잡한 마을을 쏘다니는 대신 장벽 안에 갇히리라. 어차피. 나는 비가 내리면 구토가 나고 의도적으로 의미를 구슬프게 만들지. 나에 대한 복수심으로. 질서정연한 나의 방향. 아가씨는 비린내 나는 녹색 채소를 사기위해 화요일 시장엘 나가겠지. 다음번 월경을 준비하기 위해. 회피자들은 서로 연맹해 당연한 정의를 만들어 공적인 도둑질을 해방시킨다. 첫째! 극히 소중한 순수함을! 고통은 인간을 단련시킨다. 자발적이지 못한 해방감. 걸인의 자유도 기아의 자유도 나만큼이나 중요합니까?

그것들로 인해 우리의 선택이 충족되지 못할 경우엔? 희생이 옳다. 그들은 멍청하고 따분하여 시간과 욕심을 주어도 신경질적으로 외친다.

– '오 주여!'

벼락이나 맞아라. 거대한 목마름으로 개들이 흘린 침을 받아먹어라. 시인의 악취미. 그걸로 짧았던 꿈에서 깨어버렸지. 저 산골짜기 아둔한 인물에게 넘겨진 나의 꿈. 1년 지기 꿈. 일찍이 문명화되어 그 유명한 실패자가 되었군. 2월의 불길한 날. 외로움은 웅장하거나 최고의 술수이다.

– 그쪽 촌놈들은 진정이 되었나?

NO TITLE

고질병은
이룰 수 없는 모든 것을 향해 수를 세아린다.
얄게 또 다시 친화력을 앞세워
당당한 궁둥이와 희극을 벌이리.
작은 신사를 향해 꾸벅 절하고.

1

후회하는 인물. 원시적인 힘을 얕본 것은 당연하지만 옳지 못했다.

소년은 뼈에 이욕을, 소녀는 선에 성욕을 뻔뻔하게 가둔 뒤 가장자리에 선다.

가두어야 할 것들; 침묵이 부산히 행동한다. 그것마저 가두어라.

수레가 멈추면 북소리가 시작된다. 북소리도 가두어라.

거울 속엔 죄수가 여럿 있다. 특별한 인상들이구나. 그들도 가두어라.

추행하는 문짝을 사내 둘이 훌륭히 연행한다. 킬킬데는 그들도 가두어라.

파란 박스의 영국 의사는 어투가 완벽해서 시간적으로 평면일 수 없다. 그를 가두어라.

내가 가지지 못한 그림은 팝아트로서, 가장 호모스럽다. 그 그림을 가두어라.

어둠이 서리면 영원은 지속된다. 가장 작은 손으로 불필요한 역함을 가린다.

빛을 가두어라.

부서진 악기와 흡사 하다.
음음음 음음음 –

2

내 뒤를 어슬렁거리는 개의 입에서 역한 피냄새가 꺼진다. 앞서던 것들은 무결점이다. (내 팔을 당기고 뒤꿈치를 닳게 한) 그것이 틀리다. 죄의식에 찬 부자들의 고해 성사는 비웃음에 가까운 허세를 찬양하게 만들어 순진하다기 보단 무식한 머리통들의 굽실거림을 용서한다. 오물을 훔친 골이 흔들리고 입술이 떨린다. 그들은 절제하는 것을 신으로부터 배웠지만 그런 법이 없다. 자랑하는 것을 멈추는 법이 없다. 내가 자유다. 용납이 되는 자유. 의식 속에서만 자유로우니깐. 유럽의 잘난 피조물은 터진 체 냄새 맡는 자들에 의해 살점이 흩어졌지만 망각되어지지 않았다. 그로인한 나의 절망감. 나는 원시적인 아무것도 배우지 못하였다. 환각이건 종교적 신비건 들판의 광태건… 나에게 미래는 있을 진 몰라도 과거는 없겠지. 불명예스런 사후란 자신의 고독을 뒤로 미루어 시체더미 대신 꽃밭에 펴져있는 것. 순순히 깨지는 태양을 보아도 온갖 시답잖은 공상들로 채워져 단련된 몸뚱이는 쉽게 흥분하지 않는다. 차라리 놀음판에서 시를 읊자. 그런 꼴로 음유하며 천박해 지자. 날 믿는 이들에게 방귀를 뀌자. 자유로부터 역류된 실체에 대한 반기를 들자. 그동안 (아마 평생토록) 나는 거대한 의식들에 의해 짓눌려 해체된 공간을 누비는 꿈을 꾼다. 황폐히 헤매라. 내 입술에 씹히는 무엇이든 가소로이 채워 구걸하는데 지친 손에 닿아주겠다. 형편없는 년 같으니… 내게 적나라한 비판을 뱉어주렴. 생기가 나간 의자를 끌어 날 대신 해주렴. 삶의 찬사나 높은 건물의 감탄으로 헌신을 다하는 속물들아. 괴로운 벌을 받는 짐승의 귓구멍에 흐르는 엄청나게 부드러운 숨결. 어디서부터 온 건가? 낸들 알까. 반짝이는 부분을 찾아보았다. 순간 지나가며 그늘진 칙칙한 나의 경계를 비춘다. 괴팍하게 침을 뱉는 거리의 늙은 놈들을 보아라. 순간 농염한 새벽이 녹아들어 내 냉담한 모든 형체를 건드린다. 그래, 죽기위해 공포의 궤변을 쏟아내는 그는 불쌍한 존재다. 그의 연약함과 노쇠한 비판의식을 경멸하자. 그도 일어나면 다시 꿈을 꾸길. 애무 받기를 원하길. 난 생각한다. 터진 소매로 청춘을 떨어트린다. 호의? 선한 선택? 내가 누구 엉덩이를 걷어차야 하나. 방랑자의 태도로.

3

새벽.
놈의 귓방망이를 내리친 것이다!
(다행이다. 놈의 청각엔 문제가 없겠지?)
고로 나는 인간적 승리감에 취했지.
얼마나 경쾌하게 때렸을까.

허나 술수에 넘어가 악마를 보았을 뿐이다.
제대로 고쳐진 건 아무것도 없고.
또다시 윤리적 흐림이 찾아온다.
내겐 지긋지긋한 반복이지.

첫째. 간단한 명령이라도 좋으련만…
벙어리 북한놈들처럼.
교리문답을 자기 등때기에
숨겨놓던가.
개놈. 개놈. 개놈의 달빛.
나는 낙뢰하는 방랑자를 보았다.
내가 되어버렸지.
개놈 개놈… 개놈의 달빛.

4

내가
평화에 스며든다는 경건한 속셈으로 등을 눕힌다.
시뻘건 경직의 감각이 사랑스럽게 무너트리는군.
사라짐으로 개척을 이룩하리!
사라짐으로 진실을!
그대들은 나의 침범을 함부로 떠들어댈 셈이니.
멍청한 인간들.
식민지시대의 열렬한 안도를 아직도 습득하는
벙어리, 사팔뜨기 같은 옛 군상들.
적절한 거리에서 인생을 바라본다.
이 늙은 소년이.

(배신감마저 드는 평범한 단어선택이군)

5

외로움의 질서.
보통으로 시간 보내기.
미인의 부드럽고 고운 손.
개성은 멸종하지만 대단히 극단적 군무에 맞추어
틀 안의 연약함을 즐긴다.
비교적 새로운 타인에 대한 자비로운 시선.
그래?
공상, 자기 안의 폐해.

불안함에 깨있는 머리통은 ?
진부하다!
진부하다!
진부하다!
진부하다!
미인의 부드럽고 고운 손.
영락없이 추잡한 일몽이다.
배가 불러 숲을 헤집는 소리가 들린다.
검은 숲을, 검은 숲으로.

6

재주꾼. 말로 영원을 가르는 재주꾼.
황당한 꿈이었지… 황당한 세계였지.
가득히 아끼던, 안달하던.
명중했습니다. 제일 즐기던 연어구이와 함께 말이죠.
얇은 내가 앉은뱅이가 되어 흥얼거리며
정점엔 미쳐가는 엉뚱함 말이죠.

소식은 배회합니다.
철학자의 산책길.
뻔한 동양인들이네.

사랑스런 친구는 누구인가?
나는 서양인도 동양인도 마주 앉지 못했다.
신식을 창궐하는 무모한 뜨내기…
비록, 이명은 계속되지만, 거칠게 쏘다닌다.
걱정은 밖의 두 짐승들. 달아나지 않게 가두었다.
부디 달아나지 않게.
기이함은 갈수록 지루하고, 내 영민함은 이미 터졌다.
재수 없는 민족성처럼.

철학자의 산책길.
뻔한 동양인인 내가.

7

나른하고 무채색적인 회화를 떠올려 본다.
꼭 내 시를 닮은 '걷고 있는 남자'가 물었다.
– 난 서양요리 밖에 안 먹었지.
다른 건 못 먹겠더라구.
그가 우중충한 빛을 밟고
떨어지기 십상인 것들 사이로…
감히 애정을 바란다.
먼 여행을 떠난 것은 자존심 때문이지, 다름 아닌.
하지만 예술가와 돌아다니는 허수아비의
동적 질이 틀리니.
의논이란 없다.
탐탁찮아하는 여러 동떨어진 호수의 이데아들.

그저 입을 재운다.
정성껏 클래식한 도피를 물어 나르는 나의 연인들.
멋을 두드린다.
악명은 짖는 것을 포기한다. 짖는 것을
짖는 것은 어느새 포기한다.

8

내가 중요히 생각하는 것은 인격. 더러운 인격과 피를 타고난 이들을 위해. 부지런한 놈팡이의 사상에 압도당한 젊은 군단이 찬양을 하네. 아, 나의 아버지는? 나는 진정 당신의 자식으로 태어 나여야만 했는데…

박탈된 자만심의 악취를 맡는다. 킁킁킁.

어린아이의 부유함이 질투를 부르네. 끝맺음은 당연히 시인의 문체로, 지시하는 어투로, 놀려먹기로 작정한 재능으로, 흔한 정신병으로, 한탕하고 건져낸 일상의 에로틱한 그것으로, 그것은 표현 방법이니라. 나와는 무관한 군림하는 자의 제의극이 벌어지는 동안 덜컥 겁이 나이였다. 나같이 건전한 사람은 창조 대신 모방을 하겠다? 그들은 나를 모방도, 채색도, 엉터리로 짜 맞추기도 할 수 없어!

나는 익숙해진 보살핌의 문제아야. 모자람이 없구나. 나이에 걸맞게 혀로 재미를 썩 지어낸다. 내 마음을 얻고, 몇몇의 동물이 되다. 틀림없이 권태로울 테지. 이름을 부를 때마다 벌거벗은 악랄한 기분으로.

계집애다운 작은(원래 굉장히 거슬리는 것은 대부분이 그렇지 않다는 것!) 미소가 현기증을 부른다.

미묘한 불안감과 성실하지 못한 칭찬들. 나의 인식 자체에 쓰여진 규율은 폐품이 되어 방어로 쓰인다. 쓸모없는 만족감으로… 쓸모없는 겉모습이다. 소통은 음악뿐. 즐거운 음악. 어지럽히는 음악. 평생을 배운 적 없는 영원히 닫혀버린 한쪽 눈으로 바라본 출구는 글로썬 어렵다.

9

이리가 빨간 의자를 파네.
위에 올라 앞발로 발톱이 두드러지도록.
살타는 냄새가 노래를 부르는 와중에.
누구에게나 웃어 보이자.
외로움이 사라질 테다.
다만 두려움이,
해설 앞의 공포가,
밖엔 죽은 소음이 자잘한 헛구역질을 해가며
이렇게 쉬운 시를 쓰는데도 정신없이 웃음을 참겠지.
홍차로 입안의 쉰내가 활자에 닿겠지.
거짓으로 우정을 사육하는 법만 배웠으니
엉덩이가 들썩.
발목에 재밌는 감정을 찬 아이가
수를 셀 수 없는 벌거숭이 약탈자들에게
의지력을 들어 보여주려
(나의 친구 나의 보물.)
그것들은 흑색 무지의 바탕에, 게다가 검은 속내,
손자국을 깨끗이 지우려
나의 친구를 본보기로 조장한 셈.
마구간에서 이루어진 진득한 곡예처럼.

10

친구는 사랑을 찾아 떠난다.
광산으로. 아니, 댐을 지으러.
우리는 둘이서 살았는데.
떠나기 전 친구는 자기의 친구를 소개해 주었다지.
놈이 갖고 있는 건 아름다운 수다.
흔해빠진 유행가를 숨어서 부르는 광기.
친구는 자기의 친구를 내 곁에 두고 떠났지.
떠다녔지, 시멘트와 공룡들의 숲으로.
나와 남겨진 친구는 거세를 목격하고
맛있는 요리 강연회를 찾았다지.
튀기고 볶고 갈고 했지.
지금 내 시가 노랫말 같지 않나?
우린 결코 친해지지 않는다.
가족을 욕하며 돈은 궁해지니깐 통로가 막혔지.
떠난 친구의 소식을 간간히 들으며 죄를 짓는다.
양계장의 닭처럼.
같은 인부들과 백색 옷을 입은 지휘관을 헐뜯는다지.
망할 놈의 먼지더미. 망치질. 계급주의.
둘러 앉아 머리를 박박 긁다.
안녕 홀로 떨어진 죽은 이여.

관리인을 두기로 작정하였지. 나와 친구는.
개도 한 마리 사왔어. 보통의 다정한 인물들처럼.
우린 잔을 내리치며 대화를 하지. 의미는 없다구.
다음날엔 떠나간 친구에게
우리 둘의 이야기를 들려 주려 해.
옷을 사러간 김에 우편을 확인하겠지.
영화관을 둘러보자 새로운 친구 혹은 관리인.

11

봄의 시간에
나를 바라보는
수염을 깎은
오래 살지 못할 이에게
삶을 귀중함을 강의한다. 일상적으로 주절거리는
이미 많은 걸 배우며 자란 여러분에게는
해가 될 리 없겠지.
인기 좋은 식당, 부인을 가진 작가.
불감증의 암캐, 개인적인 폭탄.
덜떨어진 배달부에게 가풍을 꾸짖는
나의 여러분들에게는
기대할 신비가 없겠지.
일상의 환상은 그런 걸 이해시킨다고 해.
그리고 이 화장을한 발 냄새야,
그만큼 무시된 일로 무엇이든 참아내려 하네.
나의 여러분들은 다른 세대를 기적처럼 존중하지.
준비를 하여 재현 해 보자.
나는 멸종된 스스로를 재현 해 본다.
위대한 존립은 구체적인 벌레들을 모아
얼리고 휘발하는 것입니다.

잔인한 나의 여러분들은 소화를 못하네.
배가 불러 억지로 몸을 움직이네.
뼈가 물러져 태양에 녹아 나의 여러분들은 혐오하던
모든 말 수 없는 이에게 먹힌다네.
배부르게 드시게.
지켜보는 영광스런 친구에게.

12

침낭속의 발이 찹니다. 한쪽 손으론 나는 애견의 주둥일 비비지요.

이러다간 소원하던 정점에 이를 것 같군요. 영락없는 절박함 말이죠.

썩은 내의 고깃덩이를 반으로 쩍 갈라 말라버린 피를 짜댑니다.

거리의 침 냄새는 환상인가요? 제기럴.

나귀의 등을 들쑤시고 다니는 창녀의 환상이라 지칭합시다.

불행히, 계속된 경계 심리를 현학적으로 이화하려고 하니 열등한 행운이 평생 뒤따르겠지요. 금방 끝나게 되는 평생.

내 형제가 결혼을 하므로 신뢰를 얻어야합니다.

토양의 양분은 아무것의 버팀목도 되어주지 못해요.

탐닉하는 인간의 자세에 사춘기의 고달픔이 한 번도 잊혀짐 없이

누군가에게 들키고 말구요. 정의와 가까운 빈 가면을 바꿔 낍니다.

배앓이 하던 불편한 성미와 순수한 편이 못되는 표정을 감추려.

배출구가 없는 도덕과 타락의 공식은 깔깔대며 웃기가 어렵지 않습니까?

쾌락은 질서를 잊은 권위자들에게 평범한 안목을 (이를 테면 신의 부재) 상대하게 하는 것입니다. 논리학자의 자식이 죽어대는 삶을 위트 있게 분류하듯이. 상과 하로 나누고 훌륭한 저술가로 탄생되는 파괴적 놀이.

항구로 돌아왔습니다. 멀고 긴 초대장을 펴보니 저능아의 글씨가 만연하군요.

13

의자들
의자는
영사기의 히피들은 자화상을 찾는다.
취한 남녀의 따스함.

잠도, 잠도 많이 잔다.
친구는 외롭다. 예의를 차릴 기간 동안.

누구의 이름에 키스를 할 것인가?
도둑질한 옷을 입고 짧은 바지로.
경우를 제외하곤 제발 꽃을 꺾는다.
그런 평범한 꽃.

수확 없는 개척정신에서 해방된
어느 자신들을 궁리할 때
옆에서 노래를 부르네. 떠나 보내는 건
참으로 신선해!

14

우리는 하나의 집단에 가입하게 될 것이다. 혹은 여러 군단의 유별난 개성들이 모여 화장실 냄새나는 대화나 지지거리게 될 것이다. 가짜 직위를 얻기 위해 광적인 집착을 보일 것이다. "당신은 이곳에 꼭 필요한 분이군요." "괜히 그러시는 겁니까?" "지루한 인간들만 보고 지루한 대학을 나왔다죠." 권력은 많은 문제를 대수롭지 않게 만들지. 원숭이가 물건을 훔치듯, 여자의 몸이 수치스럽듯. 분부대로 합죠. 중년의 망치 쟁이는 서글프게도 가만히 쉬는 걸 못 참지. 이발소에 들어가 기집애의 허벅지라도 꿈틀거려야 해. 아이들은 이미 커 버려선 옳지, 언제나 어른이었던 아이들은 정서적으로 역사에 멀어져 버렸다. 거짓말을 가혹하게 해야지. 지중해의 바다를 닮은 귀족적이면서 유령왕국을 닮은 거짓말을 용맹스럽게 해야지. 보시는 것처럼 원래는 경계가 있었죠. 치솟은 기둥이 말해주듯. 과거의 삶을 흥미롭게 쳐다보는 것이지, 나는 과거를 배워야 하는가? 우리는 철 지난 미생물들이 우글거리는 거리를 꼭 걸어야만 하는가?

15

추락을 동요하는 인문사상의 간절한 광기, 여하튼 벙어리 기집애들은 휘둘리겠지.

의지로. 본성에 다가간다. 지겨운 일대기를 끝내려.

여하튼 벗어날 수 있다곤 보지 않지 난.

그리울 수밖에, 극락 다음의 극락후의 질식하는 자존감.

인식할 수 없는 것을 지적.

돈을 좀 써야 한다.

유능하게 그리스인들처럼 나불대려면 물질 운동에 몰두하자.

나는 확고부동한 예술가이다.

나는 전쟁을 묻지 않고 히틀러를 나무라지 않는다. (결단코! 결단코!)

그것은 털보 원숭이 잡것들과 할 수 있는 최상의 현대적 퍼포먼스였다.

−부조리극을 좋아하시나요?

그 지리한 르네상스극을 가스통에 처박아 주어 고맙소!

단절된 초현실주의자여.

나는 나를 잃고 아무것이나 가졌다.

나는 나를 순식간에 잃어버리곤 아무것이나 훔쳤다.
사람의 냄새를 맡은 불길. 탄다.

16

평화로운 작자들은 신의 악몽을 꾸었나?

빵모자를 눌러쓰고 평화를 기도한다네. 어쩌구저쩌구…

당신의 펜대는 정력을 잃었다구, 늙어가는 몸뚱이 만큼이나.

아무렇게나 휘두르지 말아주시오.

이런, 실수를 했네.

당신들은 나 같은 예술가 앞의 오묘한 일꾼들.

어떤 공간. 안개의 새벽.

비판은 연기로써 사라지는 정서로부터.

내 발길이 닿는 곳은 붉으니 과하게 아름답소 그 자리만이.

성의 애착이 지독히도 냄새나는군.

한 사람은 끊임없이 주절대지. 딸자식이 병신이라 자신을 닮은 병신이라.

유명한 괴수를 닮았더라.

헌데, 감히 나를 비평하려니!

지팡이를 쥐어주시오 그 딸자식의 부족한 장애의 등을 후려칠 테니, 과묵한 신처럼. (하지만 위에 사는

그 조물주라는 관리인 말야 영락없는 장사꾼이더군)

그런 다음 딸자식을 가진 아비의 배를 똑똑 두드리곤

'내가 당신 딸보다 잘났다고 슬퍼마시오 선생. 내가 당신 딸보다 아름답다고 슬퍼마시오 선생.'

나는 내 손에 들린 한편의 미학주의를 운반하려다 땅에 묻었다.

좁은문으로 나서야 한다.

구부린 채 젊어질 토속적 영감은 일꾼들의 몫이지.

그들은 축제로, 자축의 술잔을 든다. 언제나 죽어있었으면서.

예술의 갈증에 주둥이를 모아 빨아대지. 나는 그들의 해프닝이 질식되는 걸 지켜본다. 낭패감을 주어 괴로운 주관적 파괴로 신을 찾게 만들지. 나를 즐겁게 해 주는 우월함. 그대들이 어떻게 해서든 기도할 때 나는 건전한 우월함에 빠진다.

다시 굽신거리시지. 나는 자유의 가련함에 속아줄 테니.

17

원합니다. 내가 이유도 없이 굉장해 지기를.
음악을 하기를. 팔짱을 끼고 기대하기를.
원합니다.
손님들이 계신 웅장한 그곳에서 몸을 문지르기를.
다른 신선한 살이 되어 대신 타주기를.
멈춰있을 것을…
보호해 주는 여성들을 원합니다. 목소리가 아늑하길.
어둠 속에 그들은 이미 일어나 정갈한 태도로
우리를 내려다봅니다.
구역질나지요. 세상 위에 앉아 있기를.
날 만든 건 잘한 일이요.
보기 좋게 만든 건 잘한 일이요.
원합니다. 조금 더 태양이 뒤로 지나가기를.
이성. 재해석된 이성. 이것이 권태라면 원합니다.
노인의 인물로 절제하기를.
단순한 말로 내 더러운 비밀을 신격화시키기를.
창문으로 세어든 착취 아래 청남방을 입고
아래는 그대로 헐벗은 체
원합니다. 뒤가 제 몫을 다해주기를.
어느 계속된 밤. 욕심을 안정시키기를.

18

입을 쩝쩝 대며 행군!
큰소리로 실패를 얘기한다.
또 내리는 지루한 과거. 과거!
지금 평화는 고스란히 문제아의 꼬임에 넘어간다.
능동적으로. 괜스레 정의나 한 번 혀끝으로 굴리고.
다음날의 지옥을 위해 검은 변을 치운다.
추하게 생겼소.
이례적인 아린 배를 탐한 여자.
파란 무대.

19

이 저택은
영적인 체험이 서툰
불손한
단절된
주류화 되지 못한

내적의 상실감마저 보편에 반기를 내세우며 그 허영심에 강렬한 금속악기 더미를 조련하는 신 구조주의인 것이다.

육신의 분리는, 그러나 나는 천국을 찾았다.
(궁극적 특성을 째 내어)
배려심에 못된 사상가의 인정이 진열되었다.
드문드문 열리기를 기다린 듯하다.

미적 거리를 소우주의식은 가슴팍에 대롱 매달아 젊거나 혹은 억지스런 청춘극에 쓰이는데, 무절제한 점에 시선과 소통한다.

내가 목구멍을 채워 질식시킨 떠나기 바쁜 사실에 정서가 무너져 내렸다.

20

나의 가족의 땅
그 안에 허용 안 될 짐승들이 아우성이다.
나의 이기심의 방울은
흔들리며 피곤한 소리를 울린다.
현대적인 마음의 고침을 강요받다. 강요받는 이성.
그 이성은 스스로 불신을 받고.
떠나갈 이상부터 작은 머리로!
그 짐승들을 보내고 나도 떠나자.
부모는 모른다. 중독처럼 이별을 되새기는 것을.

21

여유로운 연민아, 흩어져 잔혹처럼 입맛 다시는 환상이여.

굶고 치장하여 그 좁은 문틈 사이로 코끝만 그대로 뚫고.

며칠은 봄 같지 않은 반항의 물결이.

경이롭게 사색을 하더이다.

(질식시킵시다. 이런 글씨의 부드러운 촉감. 영상의 이양을)

입술을 대하고 결국 아가미를 직시하다 오래 안 되어 죽을 것이다.

한 고결한 성품을 가진 믿음의 굴레에 빠진 성자님께서 베풀어 주듯 나불대길(용서해요. 순순히 죄 없이),

순해지거라. 말없이 찻잔에다 문제를 뱉어내는 비겁자처럼.

나는 여럿이 모여 잠이 든 태어난 새끼양처럼 인간표현방식 자체를 장난스레 우둔한 눈으로 바라보아.

둘과 둘이 나란히 털을 고르던 이빨 사이에 손가락을 집어넣는다.

온기와 놀라움.

도난.
얼굴에 찍어 바르는 여성들의 화장법.
병. 병적인 꽃모자 수집과 귀여움.

22

양 볼이 뜨겁게 홀로됨을 가리킬 때, 손끝이 어는 병을 가졌다. 그 흔한 생선요리 정도로 넋을 빼다니 계속 쏘다니면 결국엔 반미치광이; 반궁리자가 되는 것이다. 이를테면 몸뚱이 자체가 어색해질 때… 언제든지 찜찜한 이 껍데기 곳을 빠져나갈 수 있을 것같을 때… 예민한 귀로 엉겁결에 들었다. 피곤한 바보들의 코고는 소리. 물건은 배달되고. – 도로를 타고 현대의 가장 정치스런 풍광을 맞으시오.

고질병은 이룰 수 없는 거진 모든 것을 향해 수를 세아린다. 얕게 또 다시 친화력을 앞세워 당당한 궁둥이와 희극을 벌이리. 작은 신사를 향해 꾸벅 절하고.

한편으론 미남에게 호감을 느끼는, 아랫배가 어리는 당혹을 훌륭한 자신보다 이해하리라곤. 불만과 투쟁도 없이 인간성 하나 제대로 드잡지 못한 체 목적지 있는 곳을 찾아 또다시.

교육. 참 다운 교육. 나의 교육. 베풀지 못하니 단지 죽어있는 설렘뿐이겠지.

주인이 빠진 나의 의식 밖에선 외로운 줄 모르는 멍청이 하나가 멍청이 같은 시를 읊네. 작고 누렇게 탄 근본을 부르네.

내가 잘 알지 못하는 여자들 가운데 사상가를 대변하는 한 여인이 있다. 말수가 적은 것이 특징! 실은 그녀는 나 같이 멋쩍은 희망자를 따라하는 정상인!

나를 멀리하고 피하고 지우고.

상극이 된 세상과 오로지 짖는 것밖엔 할 수 없는 불량자. 몸을 녹이듯 먹고 마시며 웃고 떠드는, 누구나 할 법한 솔직함으로 나를 멀리하고 피하고 지우고.
물속에 잠기어 음흉한 준비를 시작한다. 밤마다. 기존의 밤보다 더 영원토록, 그러한 밤마다 나를 멀리하고 피하고 지우고.

피상적 유전자. 애초에 전람회의 기울어진 나.

23

경계.
정형스럽지만 이 말:
태어날 때, 영혼은 죽고 육신은 죽어간다.
내 뼈를 부스러트려 카펫에 흩트려주었다.

하하하
용납 안 되는 패턴.

소녀답다. 여인다운 인상을 풍기는 '몸'
빈 상자에다 우겨넣는다. 구부러지는.
12갑, 왜소한 언쟁으로 타락을 스침.

그만 그치자.
재촉하지 않는 승리들과.
그저 훔치자.
수척해 진 허리로.

24

굳어버린 인정의 소모로 내색을 잔뜩 곁들인 풍자를 해낸다.

불시에 제약된 끊임없는 소유욕에, 본능을 구걸하며 말한다.

굳이 아둔하여야만 했다.

평화로이 없애버려야 했던 과잉보호.

도덕주의자 혹은 자유체제 환영을 따라한다. 휴식.

잠들지 않고 젖을 빨아댄다.

응고되어 터져 더 이상 마실 수 없다.

소년의 체감은 뒤이어 오를 무대를 잊게 만들고
만약 흔한 녀석들의 망상속 유희에 들어간다면
(그 좁은 문을 열고)

또 다른 구석에서 떨구는 중요함을 만나다.

수요를 배제한 거진 뜯어져가는 중요함.

그것에 의미를 두었다.

얼은 입술을 만지며 성취감에 노곤한 한숨을 내쉬며.

마지막 인사는 '잘자' 현재에 침울함으로 피멍이 생기다.

25

나는 주어진 가족애에 박탈감을 느끼기 시작한다.

그 광경의 강한 실천은 압박에 분석당하고 인간적 관계에 눈을 돌리라 명령받고.

훔쳐지고 더러운 손바닥으로 결과를 향한 글을 이어가지.

참수하라, 저 쇠약을 영림하는 염소를.

두 명의 가족에게 귀를 꺾이고. 이리 와서 벌써 지난 유년 시절의 오류를 벌하다.

검은 테두리에 아슬이 달린 흰 흔적이 무릎을 꿈적거릴 적마다 떨리네.

그윽한 종류의 입술처럼.

단 일말의 형평성도 자비도 동정도 들지 않는 친척나부랭이들과 부지런히 얼굴을 맞대며 배경을 속삭인다는 것. 내가 한 가정에서 태어난 것이 이토록 목을 죄어 애정을 부둥켜 앉아야만 한다니. 어디 멀리 버려진 가축장에서나 발견되었을 것을. 내가 만약 예술가의 기질이 타고 나 있었다면, 본성이 워낙 그랬다면 별안간 더 구체적인 악마가 되었을지도 모른다고 생각되었다.

죄인은 주운 것을 모두 버리시오.

이런 시적인 표현에 배를 잡고 깔깔깔. 마치 빵모자 쓴 늙은 여자를 거꾸로 들어 매달듯이.

기독교의 흉한 하모니.

도저히 견딜 수가 없네. 형편없이 내리쬐는 햇살은 어떻고.

발을 일그러트리고 한 뼘마다 구원에 눈이 먼 이들의 침이 자박한 갈 수 있는 길 위에 그저 세월이 일상인 가족애에 탄복하다.

하, 사랑을 베푼다.

26

뱃머리에 창녀가 떳떳이 누워있다
치장한 히피 치마를 매우 낮게 벌린 체
그것은 그들 부류의, 하나의 전통이랴

목격한 것은 신비였다.
음지의 자유를!
물음이 있으되 답은 없다.
구부정한 여자들, 키가 크고 마름으로
작고 더러운 호색한 여자들 그 또한
별 볼일 없으므로… 벗은 몸은 거북하기를

떠내려간다. 그 창녀가
극단으로 치달으며 자유분방해 지기를
(허탈한 상식)
다리가 조용해 지기를

붉은 통나무
그의 숨에 붉은 통나무.

Short Poems

1

반 잘려있는 여자
국기 태우기.
양놈,동양놈,양놈
많은 얼굴들

2

청춘이여.
소심하고 무자비하며
지저분한 청춘이여
돼지처럼 우글거리자.
안경잡이 배불뚝이가
먹다 버린 찌꺼기를 흡입하자.
자기 본연의 짐승다운 모습으로
….

3

고백하건데 공기가 좋지 않았다.
멀리서 내리는 사람들도 마찬가지였다.

4

앞으로도 눈을 감다.
끊임없는 예상 밖의 암흑.
신기해라 그런 죽음이.

5

소리가 울리면 꽃이 시든다.
통증이 오면 태양이 죽는다.

6

쌓여있는 더미 속에 존재가 숨어 있다.
팔을 뻗어 가시는 잡는다.
불합리한 노동자들의 질 낮은 행위에
작은 머리로 경고를 표한다.

7

죽음
상투적으로 쓰이는 신에 대한 메시지.
오줌이나 싸련다.
얼만큼 도태된 내가.

8

충실해진 수는 자유낙하를 거슬러
내 생명을 갉아 먹고.
나는 개성 없이 노닥거리는 이들을 향한
연민으로 거울을 깨었다.

9

가려운 나의 품에서
불안에 울부짖었지

10

우리의 간섭은
아름다운 광기 앞에 무너질 테지

11

바람이 자극적이다.
오래 살고 싶다.

12

갓난아기를 품에 안은
어느 봄! 나무 아래 남자에게
분노가 치민다.
제정신이 아닌 것 같다.
악이 발작 같이 퍼진다.

13

소녀를, 나 같은 소녀를
기분 좋게 내일을 맞을 수 있도록

숲.

악몽을 꾼 다음날(꿈 : 비현실적인 살인에 대한), 아무런 적극적 고심 없이 차에 올라탄다. 흰색 실오라기 하나가 내 손톱 밑에 끼어있던 것을 발견하곤 버린다. 운전대를 잡으면 나는 숲으로 간다. 길은, 도로는 정감이 없다. 풍경은 운전하는 이에겐 효율적이지 못하다. 길가의 낡은 사람들(이제부턴 대충이나마 바깥에 대해 나열하려한다), 낡아가는 사람들, 낡을 사람들. 현대식으로 재조립된 트랙터들. 새벽에 활동하는 이들은 대부분 생각이 없어 보인다. 일률적으로 움직이는 팔 동작에 그들의 이기심이 엿보인다. 더 이상 목숨을 구걸할 필요 없어진 대지. 이유는 희망이 없기 때문. 나의 차가 숲의 어귀에 세워진다. 밀려드는 불명예스런 소리. 좋다, 이것으로 내 대담함을 보여주자. 시야가 찢겨져 터지게 되자 일이나 계획 따위가 소용없어져 버렸다. 들어간다.

(1)

한 무리의 개구쟁이들을 만나다. 그들은 사냥으로 침착성과 욕망을 과시한다. 내게 활과 화살을 내민다. 적극적 본성활동. 회색 얼룩진 진한 구리 냄새로 가득한 공장을 보는 듯하다. 사실 그것과 피냄새는 별반 다르지 않겠지. 풀이 다리를 붙잡는 마찰음. 죽임에 대한 시시콜콜한 농담들 다음에 이어지는 짧은 웃음. 나는 눈물을 글썽인다. 닭들 중 제일 작은 것으로, 가축으로, 생명은 생물에게 잡아먹힌다. 그들은 그것을 원리활동이라 부르겠지. 숲은 과연 순환되는 것인가? 판타지에 제물들이 들어서자 지옥이 돼 버린다. 성급한 얼굴로 모든 걸 망치는 행동과 방향성. 재료들을 찾는다. 죽는다. 숨죽인다. 나는 지켜본다, 그들이 화력을 조절하는 모습들을. 속이 가벼워짐을 느낀다. 손바닥의 땀은 가해자의 동료가 할 수 있는 최소한의 방어. (그것은 의외로 용납될 수 없다.) 나는 그들을 뒤로한 체 (스스로를 위한 비겁한 본능) 다시 길을 떠난다.

(2)

재즈밴드의 평범한 선율. 불안한 시선. 자본주의의 교양이 그들의 숨통을 죄어 여기까지 밀려났다. 나는 무대 위로 오른다. 그들의 연주를 들을 마음이 없다. 이 악기는 더럽다. 그것은 하층민들의 숨결이다. 사실 '가치가 없다'고 늘 판단하고 있었다. 그래도 세련미를 추구하는 일부 신 서민들을 위해 자식을 좀 떨어본 적은 있다. 고약하고... 나는 다시 길을 걷는다. 현명한 발을 가졌으리라 믿는다. 별은 내겐 하나의 마약과도 같다. 나는 늘 빛을 갈구했으니깐. 어리석게도 그것은 과도기적 발상을 일으키고 말았다. 홋

날… 내게 훗날이라는 게 있을 리 만무하지만. 신랄하게 모두를 향해 시나 한 편 읊어주고 싶다. 내 여성성은 불편하다. 나를 미화시켜 앞세우는 이들은 무슨 덕을 원했을까? 내 발목에 채인 것을 집어 들어올린다. 해괴한 물건. 옆엔 불타버린 녹색 정장. 그는 (혹은 그녀는) 태워 버린 후, 불타 버린 후 사라졌다. 정장 주머니엔 가축의 뽑힌 털과 송곳니 여러 개. 무엇을 의미하는 것이다. 그는 아마도 거울을 깨버린 듯하다. 거울에 비친 의미 없는 얼굴을 날리려고. 연기는 사그라진다. 그의 자존심 상한 얼굴이 다시 누군가의 발길에 채이기를… 그렇담 나의 작은 머리로 이런 현상들을 존중하리라. 부활에 익숙한 사람들은 두려움이 없다. 내가 언제나 위축되고 불안한 내면을 가진 것은, 죽음을 가장 야릇한 비극 쯤으로 생각하는 것은, 다 신을 믿지 않기 때문이겠지. 내 생명을 가두어 짓누르고 영혼을 짜내기엔 하늘은 볼품없다. 비록 무한한 신이라고 할지라도… 그것은 허구임에 분명하다(어차피 위안을 위해 무엇을 믿는다면 그것은 태양이 될 것이다). 이 길을 다시 되돌아가려하니 막막하다. 보라, 너무 헤매지 않는가? 갈증에 목이 탄다.

(3)

나는 노예를 부리는 젊은 장교를 만난다. 오! 당신들도 구원을 찾아 헤매는가? 당신들은 정의를 피해 도망친 것이지? 땅을 확보하고 적들의 머리통을 굴러

차고 칼과 총에 묻은 이물질을 털어내더니… 여긴 아무도 없다. 나도 무의미하니, 여긴 아무것도 없다. 실제로 그 둘은 내 말을 알아들었다. 나는 턱을 지켜 세운 뒤, 유명한 클래식에 멋대로 가사를 붙여 부른다. 그들은 나를 행복한 사람으로 보는 듯하다. 나는 최대한 내 감정을 숨긴 체 매력적이게 보이려 애를 쓴다. 내가 흑인이 아닌 이상 위대하게 부를 순 없을 터. 그치들이 잠시 앉아 나를 바라본다. 순간 나는 그들의 목에 쇠사슬을 채워 나무에 묶어버리고 만다. '이 모습에 대해 생각하지 말아줘요. 새삼스런 일도 아니잖아요' 하고 내가 지껄인다. 저주란 얼마나 실없는 말장난에 불과한 것인지 그들도 알겠지. 나는 그 노예가 말을 할 수 없다는 것을 알아차렸다. 집중을 잃지 말자. 주위엔 언젠간 사라질 것들이다. 그 노예는 나의 육체를 느낀다. 장교의 억울한 듯한 표정에서 굶주림이 솔직하게 베어 나온다. 나는 순수한 어떤 광물이 아니다. 장교는 내게 떨어진 과일을 주워 준다. 무엇이 녹아들었는가, 그들 앞에 생활이란 눈만 끔뻑이면 되는 것. 개 눈깔이든 소 눈깔이든 끔뻑이면 그것은 '생활' 하는 것이다. (나는 물론 그래서는 안 된다고 생각한 적이 있다.) 나는 의외로 착각한 듯하다. 전쟁의 주역들, 노동자들의 근성. 다시금 노예에게 묻는다. 입이 떨어지지 않는군. 피곤한 듯 풀린 팔다리를 쓰다듬는다. 장교의 장총엔 피가 굳어(실제 누구의 것인지?) 멋들어진 아프리카산 장식을 보는 듯하다. 만지자 부스러진다. 이런, 또 실수를 하고 말았지. 중요한 상징일 텐데, 그에겐 말이야. 당장이라도 그의 팔을 붙들고 나의 성의를 보여줄 수만 있다면… 그는 내 추악한 본성에 놀라고 말았다. 곧 장교는 노예와 떠나버린다. 비웃음거리들이 떠나버린 자리에 열매의 잔향이 얕게 깔린다. 그것은 태풍 전야의 대범한 솔바람을 따라 흐른 것이다. 내게 절망의 고통을 느끼기도 전에 애잔함이란 먼 이웃들의 얘기. 고작 실없는 운치나 어떤 클래식에 관한 잡담 때문에 나와 만나길 원한다면 사양하겠다. 내가 이성적으로 생각하는 건, 이 세상에 존재하지 않는 것. 그렇게라도 내 마음을 편안하게 해주고 싶다. 세상 돌아가는 과정에 초연하여 그 모습에 빠져 스스로의 감성에 젖어 있었던 과거를 생각한다. (나아닌 누구의 말은 듣지도 않았지. 가끔은 푸르데데한 불순물들을 토하기도 했어. 내 블라우스 소매에 떨어지지도 않고 뭉쳐지지도 않아 기분 나쁘게 붙어버렸었지. 그것은 일상의 환상이야.) 다시 있지도 않은 길을 걸어야 한다. 반복된 활자를 읽던 기억. 다시 나타난 그녀는 내게 예술적 본능이 남아있기라도 하다는 듯이 마음대로 지껄여댔다. 그녀와 처음 대면한 것은 어느 모임에서였다. 나는 그녀를 무시했다. 그녀의 우둔해 보이는 안경은 비참해보였고 여러 사람들에게 속삭이는 입은 내게 구토를 유발했다. 인간을 자신들의 귀속품마냥 소속시켜 버리려는 심보에 망연자실하고 말았다. 나는 강아지 새끼마냥 낑낑거리며 낡은 부채로 여름의 지독함을 날릴 뿐이었다. 그리고 다시 숲에서

만난다. 역시 의기양양하고 과한 아름다움이다. 그녀의 길고 짙은 머리칼, 굳어 보이는 가슴, 곧은 풀같은 두 다리. 얼굴은 지나친다. 그것은 여과 없이 날 훌륭한 여자처럼 보일 수 있게 만들기 때문이다. 그에 비해 난 투시가능한 몸. 폐쇄하려 한다. 우리는 가능한한 우쭐해지지 않는 일상적인 대화로 시작한다. 야심차게 그녀가 내 안부를 묻는다. 왜 궁금해 할까? 난 바다에 나타난 비단 고래 꿈을 꾸었다고 말한다. 물론 거짓말이지. 악몽을 꾸었다고 말하지 말아야 한다. 민감한 감성이 내 표면적 냉정함을 묻어선 큰 일이니깐. 재밌는 것은, 그녀가 나와 관련된 모든 소식을 알고 싶어 한다는 것이다. 내 구식 승용차 안의 향은 어떤지 혹은 내가 어떤 성적호기심을 갖는지 등등… 그녀는 점점 나를 탐험하려 들어, 내 살은 쓰리고 불에 그슬린 듯 화하다. 나는 타인으로부터 오염된 몸을 필사적으로 숨기려든다. 더 나아지려 깨끗이 하려는 유의 여인이 아니다. 자아도취로 수치심마저 신이 내린 옷처럼 망토로 둘러 뽐내는 유의 여인이 아니다. 인상을 찌푸리며 영혼을 위해 무기력하게 사회를 탓하는 유의 여인이 아니다. 나는 폐품처럼 스스로에 의해 버려지고 필요에 의해 이용된다. '닥쳐 이 기집애야! 내가 담배를 물테니 알아서 기다려보시지.' (그냥 지나치려는 나를 그녀가 붙잡고 소리친 것.) 좋아, 무엇이든지… 토니 모리슨, 마이클 잭슨, 헤르만 헤세? 무엇을 원하던 간에… 마르크스주의적 비난 토론도 좋지. 난 남미인들의 빌어먹을 문학성에 혀를 내둘지. 지독한 식인성. 당연히 나와 당신이 갖지 못한 개성이 있어 내 호의적인 대화방식에 놀라웠나? 그녀 말이 없군. 심장이 아프다. 걸음을 땔 때마다 이어진 지속적인 긁힘에 다리 쪽이 아리다. 이젠 좀 쉬어 볼까나. 고개를 돌려 상대를 쳐다본다. 그녀, 어깨를 으쓱거린다. 불안한 나머지 손끝에서 긴장이 맴돈다. 풀잎을 떼어 손장난을 쳐 보지만 소용없다. 그녀는 약속대로 꽁지가 다 타 들어갈 때까지 피운 담배를 돌멩이에 비비더니 나무 구덩이에 쑤셔 넣곤 떠난다. 초연한 모습은 상실감과 무신경함의 대비에 의해 뚜렷이 하늘에 날린다. 가히 시적이라 미안한 마음이 든다. 작게 손을 흔든다. 다시는 못 볼 그녀이니깐. 숲이 내 시야의 반을(위, 그리고 앞) 가리자 갈증이 심해지기 시작했다. 파가니니는 어떠했던가? 그를 위인으로 보는 것은 아니지. 단지 미치광이일 뿐이었는데. 다만 인정받는 미치광이 일 뿐이었는데. 나, 나무뿌리에 걸려 넘어지다. 공간은 차고 흐르고 빠진다. 똑 같은 사고관계를 가진 나와 저 나무뿌리도 마찬가지이다. 차고 흐르고 빠진다. 다시는 똑같아 질 수 없겠지. 그 다음엔 비가 내리거나 문제가 발생할거야. 소녀는 첫 월경에 놀라 죽는 상상을 했지. 침대 위에서 남녀는 서로를 살해한다는 극단적 상상. 헐리웃 영화처럼, 프랑스 영화처럼 적나라하게 뇌리에 떠다니는 영상들. 작은 북소리처럼(양철북처럼) 블루스에 가까운 음이 들린다. 비 맞은 기타리스트의 외침. 나로썬 공감하기 힘들다. 가시적인 면모에만

초점을 맞추었던 어제와 그 전의 과거로선 공감하기 힘들다. 그는 마약을 했고 약기운에 연주를 한 뒤 여자들과 놀아났고 다시 약을 한 뒤 연주를 했고 죽어버렸다. 그는 꽤 단편적인 삶에 만족한 듯싶다. 멋진 이야기가 될 테지 그의 아내가 낳은 자식들에게 그리고 그 자식들의 자식들에게까지도… 나는 약기 때문에 그리하지 못해. 나로선 공감하기 힘들어. 게다가 난 만약 내 영웅담이 완성된다면 물려 주어야 할 아이가 없다. 내 부모는 말한다. '내겐 모성애가 부족하다고.' 내게 하얗고 커다란 개를 사준다. 나는 거래된 그 생명에게 애착이 간다. 하지만 그들은 다시 걱정하기 시작한다. 저 개는 너무 짖는군. 털이 많이 빠져. 우리애가 너무 집착을 하는 걸. 하루 종일 개와 밖에 있다 보면 얼굴이랑 목뒤가 쌔 까맣게 타고 말거야. 기생충은 또 어떻구. 그들은 다시 걱정하기 시작한다. 그리곤 빼앗는다. 그것이 경제적이며 원칙적이고 적당한 선의 타협이 되니깐. 나는 내 부모의 몰상식한 대처에 눈물을 흘린다. 잠시 눈을 감고 졸아본다. 고개가 이리저리 휘청거리는 위기감에 묘한 쾌락을 느끼며 즐기면서. 나는 일상의 환영과 취함에 익숙해져 있다. 독립과 고독은 분위기에 따라 날 빠트린다. 갇힌 시간 속으로 그 깊이는 없다. 이유는 갇힌 시간이란 존재함이 없기 때문이다. 나는 그런 비린내나는 환영에 스스로를 묶는다. 더 죄여오게, 본심은 더럽기 때문에. 나는 피해 받은 것들에게의 보상이 필요하다. 내 손길에 늘어나고 찢긴 가엾은 것들에게의 보상. 대신 노래를 불러 주리라. [아름드리 나무 위에 소녀 하나. 희고 고운 손등으로 하늘을 만지네. 착한 소녀여 날개를 달고 내려오너라. 아름드리 나무 위에 소녀 하나. 희고 고운 손등으로… 희고 고운 손등으로… 날개를 달고…] 전에는 생기가 넘쳤던 이곳에 죽은 비가 내리기 시작한다. 마치 오물을 뒤집어 쓴 듯 그 악취와 피부에 닿는 소름. 항시 이야기 할 땐 입을 벌려야 한다. 다행스럽게도 이야기를 나눌 상대가 없기 때문에 꾹 다물고 있을 수 있게 되었다. 슬픈 것은 증발되어가는 진리들과 아둔해 멀어져가는 사람들을 누워서만 바라보는 내 처지이다. 그래도 꿋꿋이 어둠속으로 빨려 들어가는 것(농염한) 을 꿈꿔 본다. 그들은 기막힌 반전과 더불어 수세에 몰린 내 몸뚱이 위에 빨갛게 젖은 천을 무념무상이 덮어주겠지. 생각과 의미로부터 자유로워진 그들이. 나만 사라져 준다면 벌거벗기듯 염탐을 일삼던 저주가 풀릴 것인가? 오! 다시금 육체가 내려앉은 분위기에 압도당하고 말았다. 발끝이 시리도록 이끼들이 줄 창 이어진다. 한번은 미끄러질 뻔도 하였다. 모든 게 나빠진다면 미끄러지는 것쯤이야 아무것도 아니지. 벌써 몇 번 넘어지지 않았던가? 운명은 내가 그들을 뭉그러트리길 원하고 있다고 순진하게 생각했다. 그들 생각과 정 반대로 가는 것이다. 죽음은? 도대체 죽음과 끝은? 내게 오랜 이미지가 있다. 굵고 얇은 검은 줄들이 마치 기생충처럼 늘어져 새겨진 대리석 벽. 그 대리석 벽은 마치 실체처럼 다가온다. 그것은 실체이다.

내가 죽음을 생각할 때마다 그 벽은 나를 조여 온다. 조용히, 고독하게 하지만 생기가 있는 벽은 평범한 진리의 바람으로부터 나를 보호해 준다. 날 경직되게 하고 앓게 하지만 세상에 눈을 뜰 수 있게 막아준다. 우주로부터 사랑, 인정으로부터 나를 보호한다. 얼마나 다행인가. 타협점을 찾을 수 없다는 것이. 나는 한 남자로부터 편지를 받았다. 그는 숲에서 지낸지 오래되어 편지 봉투도 편지지도 구할 수 없었다. 그는 버려진 가족을 위한 편지를 썼다. 그는 자신의 아내가 색깔이 진한, 보랏빛이나 푸른빛이 나는 매니큐어를 칠하는 것을 못 참아 했다. 그것은 없이 살아 구박받고 굶주린 남자들에겐 치명적이기 때문이다. 마치 예수의 빛이 손끝에 깃든 듯 황홀하며 증오스러운 그런 이중적인 감정이 불협화음처럼 남자들의 이성을 때릴 것이기 때문이다. 그는 그것을 너무도 잘 알아, 아내의 행동에 문제가 있다고 느꼈다. 그는 아내가 행복해 할만한(가능한한) 모든 것을 없애버렸다. 분홍색 창 넓은 피크닉 모자도, 갈색 유리병에 담긴 체리 절임, 시베리아에서 온 사모예드, 크리스털 컵, 거짓말과 위선으로 채워진 일기장 등등. 그것들이 아내의 정신병을 더 가속시킨다고 믿었다. 그리고 마지막으로 자신을 버렸다. 비로소 그녀는 행복했다. 다행이었다. 공허함이 끝나자 더 이상 꾸미는 것에 집착하지 않았다. 남자는 긴 시간이 흐른 후 지금 내게 편지를 썼다. 가족들에게 전해 주길 기대하면서. 제길, 하지만 난 숲에 와 있다. 대리석벽도 남자의 편지도 지금 나에겐 순수한 망령일 뿐인 것이다. 대단한 이상주의자가 된 듯하군. 혹은 늙은 마녀. 바람이 분다. 숲엔 바람이 없다. 어른들의 계피향과 사과향, 시큼한 포도향도 없다. 그만큼 나는 저버린 것이 많다는 애기겠지. 아직도 우리 세계엔(현대인에겐) 이야기 구조가 용의하다. 부조리한 것이든 환상적인 것이든 이야기가 없으면 사람들의 공감을 얻지 못한다. 그런 것에 비해 나는 추상적이고 에로틱한 관념에 취해 있다. 누구의 공감을 얻을 것인가? 나는 버려진 야채 봉지이다. 누군가 그것이 필요해 굳이 쓰레기통을 뒤지며, 그 악취를 견디며, 가져가진 않을 것이다. 그만큼 나는 더럽고 상실감의 덩어리들만 있는 커다란 세상의 쓰레기통에 버려진 플라스틱 가방이다. 구구절절 늘어놓는 것은 구차한 짓임을 알기에 생각을 멈춘다. 내 몸이 근질거린다. 살을 타고 기어오르는 욕망에 몸이 근질거린다. 잎사귀, 흙의 파편들로 몸 안이 축축해져 있다. 그것은 마치 월경의 느낌이다. 찝찝하지만 따뜻한 짭짤함이다. 내가 더 이상 길을 잃었다는 것에 연연해하지 않을 즈음이 돼 버리자 숲은 나의 환심을 사지 못했다. 더군다나 그 자신도 나에게 별 흥미를 얻지 못하게 되었다. 숲의 청초함은 동물들의 배설물로 변하였고 독립감은 가식적인 특이취향처럼 느껴졌다. 완벽한 타이밍이다. 로미오가 줄리엣의 영구적 허영심을 알게 된 것처럼, 히틀러의 아내가 침대에 누워 임신한 사실을 알릴 때처럼, 고장난 시계 때문에 퀴즈쇼를 놓쳐 길길이 날뛰는 아빠의 모습처럼, 그런 타이밍 말이다.

(4)

흩어진 가족. 오, 미아. 미아는 동양의 아름다움. 그 아이는 예뻐. 눈은 까매. 얼굴은 희고 작아. 작은 달이야. 상상을 해봐, 남해 바다 위에 비친 작은 달을. 달이 두 개가 있듯 미아도 두 개의 얼굴이 있어. 그녀는 상냥해, 때론 비판적이야. 그 아이는 삶을 생각해, 때론 죽음을 생각해. 미아는 넓은 창을 가지고 싶어 해. 때론 햇빛에 눈을 데여 울기도 해. 미아는 예쁜 입술이 좋아. 때론 목소리가 슬퍼. 그 아이가 의자에 앉으면 세상은 가라앉아버려. 세상은 가라앉아버려. 세상은 가라앉.

작가의 말

나는 특별한 목적과 의미와 주장을 위해 시를 쓰지 않는다. 누군가(멍청하게도) 나에게 글의 주제를 물어본다면 당혹감에 그 타인에 대한 반감이 앞선다. 내 글은 다름 아닌 거짓과 편협함이라 말해 줄 것이다. 나에게 있어서 유일한 것은 음악일 뿐이다. 태어나서 성향이 그러하니 글들은 음색을 띈다. 그러므로 내 글은 개인의 하모니이다. 본질 자체가 나와 닮아 괴팍하고 일관성이 없는 독주일 뿐이다.

작은 머리

초판1쇄 · 2011년 6월 5일
지은이 · 강신혜
발행 및 주간 · 양태철
편집인 · 김평엽
펴낸곳 · 현대시문학
서울 은평구 역촌동 37-2 2층

<책 주문 및 제작>
전화: 02-512-0246
이메일:hihd@paran.com
홈페이지: koreanpoetry.com
등록 · 1999.6.11 제13-619호

ISBN 9788990520753+03810